Werner Färber

Hexengeschichten

Illustrationen von Maria Wissmann

Loewe

Die Deutsche Bibliothek – CIP-Einheitsaufnahme

Bildermaus-Hexengeschichten / Werner Färber.
Ill.: Maria Wissmann. – Gekürzte Sonderausg.,
1. Aufl. – Bindlach : Loewe, 2002
(Bildermaus-Minis)
ISBN 3-7855-4133-3

Der Umwelt zuliebe ist dieses Buch
auf chlorfrei gebleichtem Papier gedruckt.

ISBN 3-7855-4133-3 – 1. Auflage 2002

Gekürzte Sonderausgabe des 1995 erschienenen Buches
Färber, Geschichten von der Hexe Hortense
Umschlagillustration: Maria Wissmann
Reihengestaltung: Angelika Stubner

www.loewe-verlag.de

Inhalt

Ein altes Haus am See

Die kleine  Hortense lebt in einem sehr alten . Es steht direkt an einem . Die grünen  hängen schräg. Das  ist ganz schief und krumm. Aber das macht der kleinen  überhaupt nichts aus.

Solange es nur nicht durchregnet.

Und heute scheint sowieso

die  . Hortense hat

zwischen zwei großen 

ihre  aufgehängt.

Sie hat sich ihren großen 

über das  gezogen.

Auf einer  sitzt Ferdinand.

Das ist Hortenses  .

Fast alle anderen  haben  . Das findet Hortense langweilig. Der  Ferdinand ist ihr lieber. Eine  surrt um Hortense herum. Die kleine  verscheucht sie mit der  .

Doch die  kommt wieder.

Ferdinands lange  schnellt

hervor. „Danke“, sagt Hortense.

Sie schaut unter ihrem  hervor.

„Gern geschehen“, sagt Ferdinand.

Plötzlich entdeckt die kleine 

einen . Er kreist

langsam über dem .

Hortense richtet sich auf.

Sie hebt beide 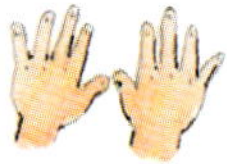 und sagt:

„Ene mene, dicker 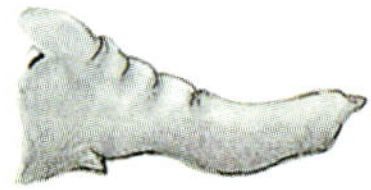,

den  schützt eine große

 !“ Gerade noch rechtzeitig.

Denn schon schießt der 

wie ein  auf Ferdinand

zu, um ihn zu fressen.

Doch unter der umgedrehten

 ist der  sicher.

Der  haut sich nur

fürchterlich den  an.

„Danke“, sagt Ferdinand unter

der  . „Gern geschehen“,

antwortet Hortense. Dann macht

es sich die kleine  wieder

in der  gemütlich.

Post für Hortense

Hortense bekommt einen  .

Sie setzt sich an den  ,

öffnet den  und liest:

Liebe Hortense!

Ich bin ein  und schon

sieben. Ich möchte auch

einmal eine  werden.

Ich kenne einen , der will
 werden. Er hat
mir gesagt, dass  nur
getrocknete  und
rohe  essen. Stimmt das?

Ist es schwer, auf einem 

zu reiten? Schläft immer eine

hässliche  in deinem 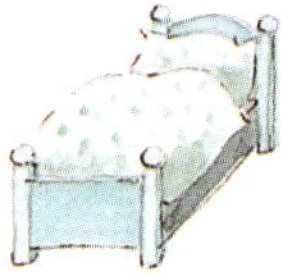 ?

Darf ich mir wirklich nie wieder

die  putzen? Muss ich als

 meinen  weggeben?

Das hat der  nämlich alles

behauptet. Dann überlege ich mir

das noch einmal. Deine Helen

Hortense nimmt sofort ihren 

und schreibt dem  zurück.

Liebe Helen!

Am liebsten esse ich 

mit  . Es ist wirklich ganz

einfach, auf dem  zu reiten.

Ich habe meistens eine 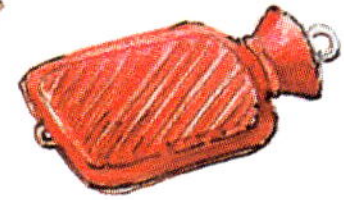

im  . Und dreimal täglich

putze ich mir die  .

Deinen  musst du nicht abgeben. Glaube bloß nicht, dass dieser aufgeblasene  etwas über  weiß. Der lügt ja, dass sich die  biegen.

Tschüss, Hortense

Sie steckt den 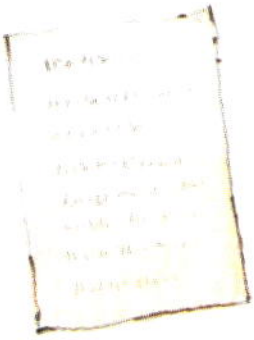 in den 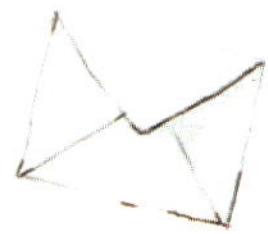 .

Darauf klebt sie eine 

und bringt ihn dann zum  .

Vielleicht kommt das  sie

bald einmal besuchen.

Alles wie verhext

Hortense kann ihr dickes 

der  nicht finden.

Sie hat schon im  und in

sämtlichen  nachgesehen.

Auch im  hat sie gesucht.

Ohne ihr dickes  geht der

kleinen  aber einiges schief.

In der  läuft ein  .

Die schmutzigen  drehen sich im  hin und her. Und im  schwimmen  .

Ganz zuletzt bekommt das 

plötzlich 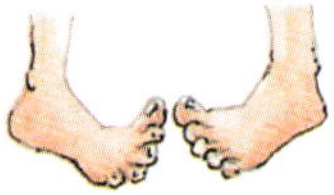 und läuft davon.

„Auch gut“, sagt die kleine 

vergnügt. „Schaue ich mir eben

den  und die  an.“

Doch dann schwebt eine dunkle,

dicke  heran. Bald klatschen

die ersten  auf den .

Nun muss Hortense aber endlich

richtig hexen. Auch ohne .

„Ene mene, , wer falsch hext, der hat nicht alle. Ene mene, alter , alles wie's gewesen!"

Und tatsächlich kommt das  zurück. Leider hat es unterwegs einige  verloren.

Aber das stört Hortense wenig.

Wo es hereinregnet, stellt sie  und  auf.

Die kleine  holt einen .

Sie macht es sich auf dem 

gemütlich. Und da findet sie

endlich ihr  der .

Es liegt unter dem .

Bruchlandung

Hortenses  ist schwer beladen. Er ächzt und knarrt.

Die kleine  hat eingekauft.

So viel, dass der  immer tiefer sinkt. Hortense bleibt beinahe an den  hängen. Dann steuert sie auf einen  zu.

Mit beiden 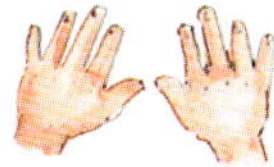 zieht die

kleine  am  .

Puh, das war knapp. Doch schon

am nächsten hohen  bleibt

sie hängen. Es kracht.

Und der 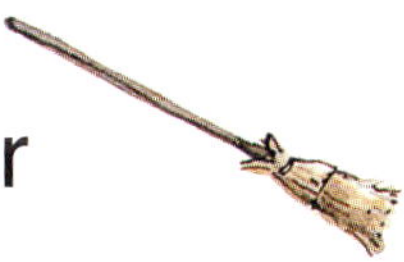 zerbricht.

Rumms! Hortense findet

sich in einem  wieder.

Wie das kribbelt und krabbelt!

Verärgert lässt Hortense ihren

kaputten  liegen und macht

sich voll bepackt auf den  .

Als sie ihr  erreicht, tun ihr

die  weh. „Eine  ohne

 ist wie ein  ohne

 “, sagt Hortense. Sie holt

ihr dickes  und sieht nach,

wie man einen 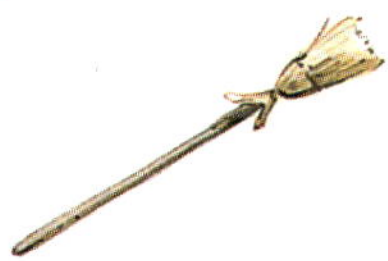 hext.

Kaum steht ein neuer  vor ihr,

probiert die kleine  ihn aus.

Zunächst reitet sie vorsichtig um

das  herum. Dann wird

Hortense mutiger und fliegt mit

wehendem  eine große .

Der neue 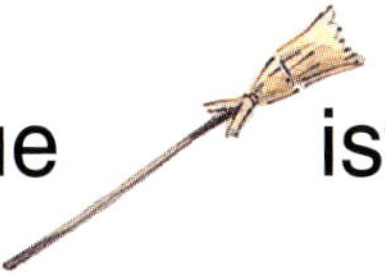 ist tadellos.

Übermütig saust die kleine 

über den 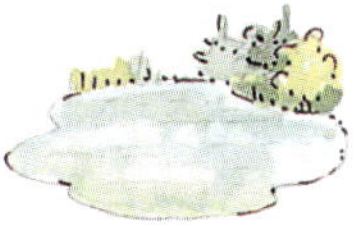. Dort unten sitzt

Ferdinand auf einer  und

schaut zu. „Juhu“, ruft Hortense.

Kopfunter fliegt sie haarscharf

über den  hinweg. „Du hast

wohl zu viel  abbekommen?“,

ruft Ferdinand ihr hinterher.

Bevor Hortense noch einmal

so knapp über ihn hinwegfliegt,

taucht er lieber in den  .

Die kleine  kichert leise.

Was der  nur hat?

Sie probiert doch bloß ihren

neuen  aus.

Die Wörter zu den Bildern:

Hexe

Haus

See

Fenster-
läden

Dach

Sonne

Bäume

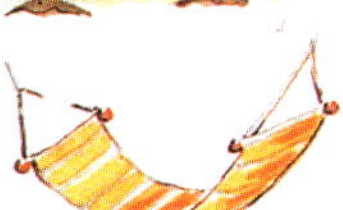
Hängematte

Hut

Gesicht

Seerose

Frosch

Katzen

Fliege

Hand

Zunge

Storch

Rüssel

Schüssel

Pfeil

Schnabel

Brief

Tisch

Brief-
umschlag

Mädchen

Junge

Zauberer

Ameisen

Kraken

Besen

Kröte

Bett

Zähne

Teddy

Füller

Gurken

Spiegelei

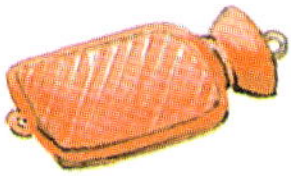

Wärm-
flasche

Balken

Briefmarke

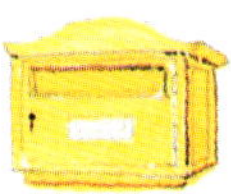

Briefkasten

Buch

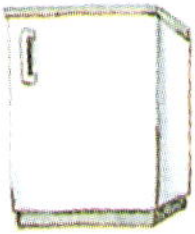

Kühlschrank

Töpfe

Klavier

Wasch-
maschine

Film

Hemden

Fernseher

Aquarium

Hühner

Füße

Mond

Sterne

Wolke

Tropfen

Mausefalle

Dachziegel

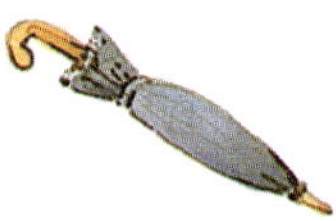

Schirm

Sofa

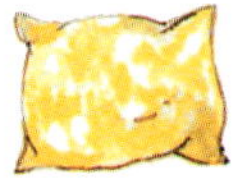

Kissen

Felsen

Besenstiel

Ameisen-
haufen

Weg

Rock

Acht

Werner Färber wurde 1957 in Wassertrüdingen geboren. Er studierte Anglistik und Sport in Freiburg und Hamburg und unterrichtete anschließend an einer Schule in Schottland. Seit 1985 arbeitet er als freier Übersetzer und schreibt Kinderbücher.

Maria Wissmann wurde 1961 in Berlin geboren und wohnt dort immer noch mit ihrem Mann und ihrem Sohn. Schon als Kind hat sie gerne gemalt und gezeichnet, und sie hat dies nach Abschluss eines Grafik-Design-Studiums 1987 zu ihrem Beruf gemacht. Neben Bilder- und Kinderbüchern illustriert sie Schulbücher und Bildergeschichten für das Kinderfernsehen.